Perles de sagesse

Éveillez votre puissance intérieure

Marie-Claude Pelletier

Perles de sagesse
Éveillez votre puissance intérieure

Publié par Marie-Claude Pelletier

Conception de la couverture : Tadame - www.tadame.ca

© Copyright 2019. Droits d'auteur, Marie-Claude Pelletier

ISBN (version papier) 978-2-9818142-0-3
ISBN (version numérique) 978-2-9818142-1-0

Dépôt légal :
Bibliothèque et Archives nationales du Québec, 2019
Bibliothèque et Archives du Canada, 2019

www. mcpcoaching.com

Remerciement

Je dédie ce livre à mon père Philippe Pelletier, « grand sage » comme j'aimais bien l'appeler.

Dès mon tout jeune âge il m'a inspiré des lectures sur la puissance de la pensée positive et du subconscient. Des auteurs tel que : Normand Vincent Peale, Og Mandigo et un des plus marquant pour moi à l'époque : Dr Joseph Murphy.

Papa, tu es toujours dans mes pensées et je te suis éternellement reconnaissante de m'avoir laissé en héritage cette soif d'apprendre et le désir permanent de devenir une meilleure personne.
Je t'aime papa

La liste des personnes qui m'ont inspirées serait trop longue...
Sachez que même si vous n'êtes pas nommé sur ces pages, vous êtes dans mon cœur.

Un merci spécial à ma famille : à mes enfants Alexandre, Emilie et mon petit-fils Nathan, qui me donnent le goût de toujours me dépasser et d'être une meilleure personne. Immense gratitude particulièrement à mon conjoint Gilles Plourde, qui a toujours cru en moi et qui me supporte dans tous mes projets avec son amour inconditionnel.

Aux différents auteurs, formateurs et animateurs de séminaires qui m'ont façonné tout au long de mon parcours: Deepak Choprah, Wayne Dyer, Marianne Williamson, Doreen Virtue, Dr Hew Len, Dr Joseph Murphy, Estelle Miousse, Esther Hicks et Abraham et tant d'autres...

Merci pour votre inspiration.

Perles de sagesse

Introduction

Très jeune, j'écrivais mes pensées et mes réflexions dans un beau cahier ou sur du beau papier. J'aimais y croire et m'en inspirer. J'allais souvent à la bibliothèque et encore aujourd'hui entrer dans une librairie me rend fébrile et me donne l'envie de tout acheter sur le développement personnel et la psychologie.

Dans la jeune vingtaine alors que j'allais rendre visite à mon père, reposait sur la table du salon le livre du Dr Joseph Murphy, la puissance du subconscient. J'ai littéralement dévoré le livre, apprivoisant la découverte qui allait changer ma vie. J'avais l'impression d'avoir trouvé plusieurs des réponses que je cherchais : qu'en modifiant mes pensées, je pouvais transformer ma vie par la force de mon mental.

Par la suite, habitée d'une soif inaltérable d'approfondir mes connaissances, j'ai continué ma quête d'inspiration et je crois bien avoir acheté tous les livres du Dr Murphy. Bien d'autres lectures inspirantes se sont ajoutées à ma bibliothèque : Og Mandigo, Deepak Choprah, Wayne Dyer pour n'en nommer que quelques-uns.

J'ai compris à quel point nous sommes puissants et qu'en changeant nos pensées et en ayant la foi, nous pouvons vaincre l'adversité, transformer la maladie en santé, la pauvreté en richesse, l'échec en succès et bien plus encore. Que tout est possible, et ce pouvoir il est en nous!

C'est donc avec grand plaisir que je vous partage ce recueil de réflexions, puisse-t-il vous inspirer et vous permettre d'accéder à votre puissance intérieure pour une vie meilleure.

Marie-Claude Pelletier

"Demandez ce que vous voulez et soyez prête à le recevoir."

— Maya Angelou

Pour commencer ma journée

Qu'est-ce que cette citation signifie pour moi aujourd'hui?

_____

_____

_____

Comment vais-je appliquer cette citation aujourd'hui?

_____

_____

_____

Qui dans mon entourage pourrait également en bénéficier?

_____

_____

_____

À la fin de ma journée

Qu'ai-je ressenti en appliquant cette citation aujourd'hui?

_____

_____

_____

Que vais-je faire de différent à l'avenir?

_____

_____

_____

"J'étais une femme chargée d'une mission et avec une seule idée en tête :

La poursuite de mon rêve!"

– Estée Lauder

Pour commencer ma journée

Qu'est-ce que cette citation signifie pour moi aujourd'hui?

_____
_____
_____

Comment vais-je appliquer cette citation aujourd'hui?

_____
_____
_____

Qui dans mon entourage pourrait également en bénéficier?

_____
_____
_____

À la fin de ma journée

Qu'ai-je ressenti en appliquant cette citation aujourd'hui?

_____
_____
_____

Que vais-je faire de différent à l'avenir?

_____
_____
_____

"Laisse tes rêves être plus grands que tes peurs et tes actions êtres plus fortes que tes paroles."

– Proverbe Africain

Pour commencer ma journée

Qu'est-ce que cette citation signifie pour moi aujourd'hui?

_____

_____

_____

Comment vais-je appliquer cette citation aujourd'hui?

_____

_____

_____

Qui dans mon entourage pourrait également en bénéficier?

_____

_____

_____

À la fin de ma journée

Qu'ai-je ressenti en appliquant cette citation aujourd'hui?

_____

_____

_____

Que vais-je faire de différent à l'avenir?

_____

_____

_____

"La planète terre et l'humanité ont besoin de vous. C'est pour cette raison que vous êtes ici."

– Marie-Claude Pelletier

Pour commencer ma journée

Qu'est-ce que cette citation signifie pour moi aujourd'hui?

_____
_____
_____

Comment vais-je appliquer cette citation aujourd'hui?

_____
_____
_____

Qui dans mon entourage pourrait également en bénéficier?

_____
_____
_____

À la fin de ma journée

Qu'ai-je ressenti en appliquant cette citation aujourd'hui?

_____
_____
_____

Que vais-je faire de différent à l'avenir?

_____
_____
_____

"Entre ce que je pense, ce que je veux dire, ce que je crois dire, ce que je dis, ce que vous voulez entendre, ce que vous croyez entendre, ce que vous entendez, ce que vous croyez comprendre, et ce que vous comprenez, il y a au moins neuf possibilités de ne pas se comprendre."

– Bernard Werber

Pour commencer ma journée

Qu'est-ce que cette citation signifie pour moi aujourd'hui?

_____

_____

_____

Comment vais-je appliquer cette citation aujourd'hui?

_____

_____

_____

Qui dans mon entourage pourrait également en bénéficier?

_____

_____

_____

À la fin de ma journée

Qu'ai-je ressenti en appliquant cette citation aujourd'hui?

_____

_____

_____

Que vais-je faire de différent à l'avenir?

_____

_____

_____

"Je crois que le monde est une grande famille et que nous devons tous nous entraider les uns les autres."

– Jet Li

Pour commencer ma journée

Qu'est-ce que cette citation signifie pour moi aujourd'hui?

_____
_____
_____

Comment vais-je appliquer cette citation aujourd'hui?

_____
_____
_____

Qui dans mon entourage pourrait également en bénéficier?

_____
_____
_____

À la fin de ma journée

Qu'ai-je ressenti en appliquant cette citation aujourd'hui?

_____
_____
_____

Que vais-je faire de différent à l'avenir?

_____
_____
_____

"Il n'y a aucune limite à ce que nous pouvons accomplir en tant que femmes."

– Michelle Obama

Pour commencer ma journée

Qu'est-ce que cette citation signifie pour moi aujourd'hui?

_____

_____

_____

Comment vais-je appliquer cette citation aujourd'hui?

_____

_____

_____

Qui dans mon entourage pourrait également en bénéficier?

_____

_____

_____

À la fin de ma journée

Qu'ai-je ressenti en appliquant cette citation aujourd'hui?

_____

_____

_____

Que vais-je faire de différent à l'avenir?

_____

_____

_____

"Nous sommes tous un rayon de soleil pour quelqu'un mais nous ne le savons pas toujours."

– Saint Exupéry

Pour commencer ma journée

Qu'est-ce que cette citation signifie pour moi aujourd'hui?

_____
_____
_____

Comment vais-je appliquer cette citation aujourd'hui?

_____
_____
_____

Qui dans mon entourage pourrait également en bénéficier?

_____
_____
_____

À la fin de ma journée

Qu'ai-je ressenti en appliquant cette citation aujourd'hui?

_____
_____
_____

Que vais-je faire de différent à l'avenir?

_____
_____
_____

"Si vous êtes toujours en train d'essayer d'être normale, vous ne saurez jamais à quel point vous pouvez être géniale."

– Maya Angelou

Pour commencer ma journée

Qu'est-ce que cette citation signifie pour moi aujourd'hui?

_____
_____
_____

Comment vais-je appliquer cette citation aujourd'hui?

_____
_____
_____

Qui dans mon entourage pourrait également en bénéficier?

_____
_____
_____

À la fin de ma journée

Qu'ai-je ressenti en appliquant cette citation aujourd'hui?

_____
_____
_____

Que vais-je faire de différent à l'avenir?

_____
_____
_____

"Aucune relation n'est une perte de temps. Si elle ne vous a pas donné ce que vous cherchiez, elle vous a montré ce dont vous aviez besoin."

– Christine Singer

Pour commencer ma journée

Qu'est-ce que cette citation signifie pour moi aujourd'hui?

_____

_____

_____

Comment vais-je appliquer cette citation aujourd'hui?

_____

_____

_____

Qui dans mon entourage pourrait également en bénéficier?

_____

_____

_____

À la fin de ma journée

Qu'ai-je ressenti en appliquant cette citation aujourd'hui?

_____

_____

_____

Que vais-je faire de différent à l'avenir?

_____

_____

_____

"Je me connecte à l'être fabuleux que je suis et je me réalise dans toute ma splendeur."

– Geneviève Lafrenière

Pour commencer ma journée

Qu'est-ce que cette citation signifie pour moi aujourd'hui?

_____
_____
_____

Comment vais-je appliquer cette citation aujourd'hui?

_____
_____
_____

Qui dans mon entourage pourrait également en bénéficier?

_____
_____
_____

À la fin de ma journée

Qu'ai-je ressenti en appliquant cette citation aujourd'hui?

_____
_____
_____

Que vais-je faire de différent à l'avenir?

_____
_____
_____

"On ne devient pas bon en essayant d'être bon, mais en trouvant la bonté qui est déjà à l'intérieur de nous..."

– Eckart Tolle

Pour commencer ma journée

Qu'est-ce que cette citation signifie pour moi aujourd'hui?

_____
_____
_____

Comment vais-je appliquer cette citation aujourd'hui?

_____
_____
_____

Qui dans mon entourage pourrait également en bénéficier?

_____
_____
_____

À la fin de ma journée

Qu'ai-je ressenti en appliquant cette citation aujourd'hui?

_____
_____
_____

Que vais-je faire de différent à l'avenir?

_____
_____
_____

"Les femmes peuvent faire tout ce qu'elles veulent dans ce monde, à condition qu'elles le veuillent vraiment."

– Mary Kay

Pour commencer ma journée

Qu'est-ce que cette citation signifie pour moi aujourd'hui?

_____

_____

_____

Comment vais-je appliquer cette citation aujourd'hui?

_____

_____

_____

Qui dans mon entourage pourrait également en bénéficier?

_____

_____

_____

À la fin de ma journée

Qu'ai-je ressenti en appliquant cette citation aujourd'hui?

_____

_____

_____

Que vais-je faire de différent à l'avenir?

_____

_____

_____

_____

"Tout ce que l'esprit humain peut concevoir et croire, il peut le réaliser."

– Napoleon Hill

Pour commencer ma journée

Qu'est-ce que cette citation signifie pour moi aujourd'hui?

_____

_____

_____

Comment vais-je appliquer cette citation aujourd'hui?

_____

_____

_____

Qui dans mon entourage pourrait également en bénéficier?

_____

_____

_____

À la fin de ma journée

Qu'ai-je ressenti en appliquant cette citation aujourd'hui?

_____

_____

_____

Que vais-je faire de différent à l'avenir?

_____

_____

_____

"Choisis un travail que tu aimes, et tu n'auras pas à travailler un seul jour de ta vie."

– Confuscius

Pour commencer ma journée

Qu'est-ce que cette citation signifie pour moi aujourd'hui?

_____

_____

_____

Comment vais-je appliquer cette citation aujourd'hui?

_____

_____

_____

Qui dans mon entourage pourrait également en bénéficier?

_____

_____

_____

À la fin de ma journée

Qu'ai-je ressenti en appliquant cette citation aujourd'hui?

_____

_____

_____

Que vais-je faire de différent à l'avenir?

_____

_____

_____

"Ne vous demandez pas de quoi le monde a besoin.
Cherchez ce qui vous fait vibrer et faites-le. Parce que ce
dont le monde a besoin, c'est de personnes qui vibrent avec
la vie."

– H. Thurman

Pour commencer ma journée

Qu'est-ce que cette citation signifie pour moi aujourd'hui?

_____

_____

_____

Comment vais-je appliquer cette citation aujourd'hui?

_____

_____

_____

Qui dans mon entourage pourrait également en bénéficier?

_____

_____

_____

À la fin de ma journée

Qu'ai-je ressenti en appliquant cette citation aujourd'hui?

_____

_____

_____

Que vais-je faire de différent à l'avenir?

_____

_____

_____

"Je suis désolé, je te demande pardon, merci, je t'aime."

— Sagesse Hawaïenne Ho'oponopono

Pour commencer ma journée

Qu'est-ce que cette citation signifie pour moi aujourd'hui?

_____

_____

_____

Comment vais-je appliquer cette citation aujourd'hui?

_____

_____

_____

Qui dans mon entourage pourrait également en bénéficier?

_____

_____

_____

À la fin de ma journée

Qu'ai-je ressenti en appliquant cette citation aujourd'hui?

_____

_____

_____

Que vais-je faire de différent à l'avenir?

_____

_____

_____

"Être résilient c'est de voir les épreuves de la vie comme des leviers pour agir plutôt que comme des boulets qui paralysent."

– Julie Théorêt

Pour commencer ma journée

Qu'est-ce que cette citation signifie pour moi aujourd'hui?

_____
_____
_____

Comment vais-je appliquer cette citation aujourd'hui?

_____
_____
_____

Qui dans mon entourage pourrait également en bénéficier?

_____
_____
_____

À la fin de ma journée

Qu'ai-je ressenti en appliquant cette citation aujourd'hui?

_____
_____
_____

Que vais-je faire de différent à l'avenir?

_____
_____
_____

"Je suis déterminé(e) à atteindre mon but.
Soit je réussis,
Soit je réussis..."

– Dale Carnegie

Pour commencer ma journée

Qu'est-ce que cette citation signifie pour moi aujourd'hui?

_____

_____

_____

Comment vais-je appliquer cette citation aujourd'hui?

_____

_____

_____

Qui dans mon entourage pourrait également en bénéficier?

_____

_____

_____

À la fin de ma journée

Qu'ai-je ressenti en appliquant cette citation aujourd'hui?

_____

_____

_____

Que vais-je faire de différent à l'avenir?

_____

_____

_____

"C'est impossible dit la fierté. C'est risqué dit l'expérience. C'est sans issue dit la raison. Essayons murmure le cœur."

– William Arthur Ward

Pour commencer ma journée

Qu'est-ce que cette citation signifie pour moi aujourd'hui?

_____

_____

_____

Comment vais-je appliquer cette citation aujourd'hui?

_____

_____

_____

Qui dans mon entourage pourrait également en bénéficier?

_____

_____

_____

À la fin de ma journée

Qu'ai-je ressenti en appliquant cette citation aujourd'hui?

_____

_____

_____

Que vais-je faire de différent à l'avenir?

_____

_____

_____

"Hier j'étais intelligent et je voulais changer le monde. Aujourd'hui je suis sage et je me change moi-même."

— Rumi

Pour commencer ma journée

Qu'est-ce que cette citation signifie pour moi aujourd'hui?

_____

_____

_____

Comment vais-je appliquer cette citation aujourd'hui?

_____

_____

_____

Qui dans mon entourage pourrait également en bénéficier?

_____

_____

_____

À la fin de ma journée

Qu'ai-je ressenti en appliquant cette citation aujourd'hui?

_____

_____

_____

Que vais-je faire de différent à l'avenir?

_____

_____

_____

"L'égo dit: quand tout sera en place je trouverai la paix.
L'âme dit: trouve la paix, et tout se mettra en place."

– Auteur inconnu

Pour commencer ma journée

Qu'est-ce que cette citation signifie pour moi aujourd'hui?

_____
_____
_____

Comment vais-je appliquer cette citation aujourd'hui?

_____
_____
_____

Qui dans mon entourage pourrait également en bénéficier?

_____
_____
_____

À la fin de ma journée

Qu'ai-je ressenti en appliquant cette citation aujourd'hui?

_____
_____
_____

Que vais-je faire de différent à l'avenir?

_____
_____
_____

"Ce que tu penses tu le deviens, ce que tu ressens tu l'attires, ce que tu imagines tu le crées."

– Bouddha

Pour commencer ma journée

Qu'est-ce que cette citation signifie pour moi aujourd'hui?

_____

_____

_____

Comment vais-je appliquer cette citation aujourd'hui?

_____

_____

_____

Qui dans mon entourage pourrait également en bénéficier?

_____

_____

_____

À la fin de ma journée

Qu'ai-je ressenti en appliquant cette citation aujourd'hui?

_____

_____

_____

Que vais-je faire de différent à l'avenir?

_____

_____

_____

"Ne laissez pas les gens négatifs voler votre joie. Lorsque vous perdez votre joie, vous perdez votre force."

– Nelson Mandala

Pour commencer ma journée

Qu'est-ce que cette citation signifie pour moi aujourd'hui?

_____

_____

_____

Comment vais-je appliquer cette citation aujourd'hui?

_____

_____

_____

Qui dans mon entourage pourrait également en bénéficier?

_____

_____

_____

À la fin de ma journée

Qu'ai-je ressenti en appliquant cette citation aujourd'hui?

_____

_____

_____

Que vais-je faire de différent à l'avenir?

_____

_____

_____

"Chaque petit pas t'ammène vers ton objectif. Garde confiance, garde espoir, protège tes rêves et continue d'avancer."

– Audrey Bourgeois

Pour commencer ma journée

Qu'est-ce que cette citation signifie pour moi aujourd'hui?

_____

_____

_____

Comment vais-je appliquer cette citation aujourd'hui?

_____

_____

_____

Qui dans mon entourage pourrait également en bénéficier?

_____

_____

_____

À la fin de ma journée

Qu'ai-je ressenti en appliquant cette citation aujourd'hui?

_____

_____

_____

Que vais-je faire de différent à l'avenir?

_____

_____

_____

"L'avis des autres n'est que la vie des autres."

– Paulo Amaro

Pour commencer ma journée

Qu'est-ce que cette citation signifie pour moi aujourd'hui?

_____

_____

_____

Comment vais-je appliquer cette citation aujourd'hui?

_____

_____

_____

Qui dans mon entourage pourrait également en bénéficier?

_____

_____

_____

À la fin de ma journée

Qu'ai-je ressenti en appliquant cette citation aujourd'hui?

_____

_____

_____

Que vais-je faire de différent à l'avenir?

_____

_____

_____

"Si tu es fatigué(e), apprends à te reposer, pas à abandonner."

– Marie-Claude Pelletier

Pour commencer ma journée

Qu'est-ce que cette citation signifie pour moi aujourd'hui?

_____
_____
_____

Comment vais-je appliquer cette citation aujourd'hui?

_____
_____
_____

Qui dans mon entourage pourrait également en bénéficier?

_____
_____
_____

À la fin de ma journée

Qu'ai-je ressenti en appliquant cette citation aujourd'hui?

_____
_____
_____

Que vais-je faire de différent à l'avenir?

_____
_____
_____

"Le silence est un ami qui ne trahit jamais."

– Confuscius

Pour commencer ma journée

Qu'est-ce que cette citation signifie pour moi aujourd'hui?

_____
_____
_____

Comment vais-je appliquer cette citation aujourd'hui?

_____
_____
_____

Qui dans mon entourage pourrait également en bénéficier?

_____
_____
_____

À la fin de ma journée

Qu'ai-je ressenti en appliquant cette citation aujourd'hui?

_____
_____
_____

Que vais-je faire de différent à l'avenir?

_____
_____
_____

"S'aimer soi-même est le début d'une grande histoire d'amour qui durera toute la vie."

– Oscar Wilde

Pour commencer ma journée

Qu'est-ce que cette citation signifie pour moi aujourd'hui?

_____

_____

_____

Comment vais-je appliquer cette citation aujourd'hui?

_____

_____

_____

Qui dans mon entourage pourrait également en bénéficier?

_____

_____

_____

À la fin de ma journée

Qu'ai-je ressenti en appliquant cette citation aujourd'hui?

_____

_____

_____

Que vais-je faire de différent à l'avenir?

_____

_____

_____

"Si cela te fait peur, c'est sûrement le bon moment de l'essayer."

– Seth Godin

Pour commencer ma journée

Qu'est-ce que cette citation signifie pour moi aujourd'hui?

_____

_____

_____

Comment vais-je appliquer cette citation aujourd'hui?

_____

_____

_____

Qui dans mon entourage pourrait également en bénéficier?

_____

_____

_____

À la fin de ma journée

Qu'ai-je ressenti en appliquant cette citation aujourd'hui?

_____

_____

_____

Que vais-je faire de différent à l'avenir?

_____

_____

_____

"Si tu n'aimes pas quelque chose, change le. Si tu ne peux pas le changer, change ton attitude."

— Maya Angelou

Pour commencer ma journée

Qu'est-ce que cette citation signifie pour moi aujourd'hui?

_____

_____

_____

Comment vais-je appliquer cette citation aujourd'hui?

_____

_____

_____

Qui dans mon entourage pourrait également en bénéficier?

_____

_____

_____

À la fin de ma journée

Qu'ai-je ressenti en appliquant cette citation aujourd'hui?

_____

_____

_____

Que vais-je faire de différent à l'avenir?

_____

_____

_____

"Vis comme si tu allais mourir demain, apprend comme si tu devais vivre pour toujours."

– Mahatma Gandhi

Pour commencer ma journée

Qu'est-ce que cette citation signifie pour moi aujourd'hui?

_____

_____

_____

Comment vais-je appliquer cette citation aujourd'hui?

_____

_____

_____

Qui dans mon entourage pourrait également en bénéficier?

_____

_____

_____

À la fin de ma journée

Qu'ai-je ressenti en appliquant cette citation aujourd'hui?

_____

_____

_____

Que vais-je faire de différent à l'avenir?

_____

_____

_____

"Le seul homme à ne jamais faire d'erreur est celui qui ne tente jamais rien."

– Theodore Roosevelt

Pour commencer ma journée

Qu'est-ce que cette citation signifie pour moi aujourd'hui?

_____

_____

_____

Comment vais-je appliquer cette citation aujourd'hui?

_____

_____

_____

Qui dans mon entourage pourrait également en bénéficier?

_____

_____

_____

À la fin de ma journée

Qu'ai-je ressenti en appliquant cette citation aujourd'hui?

_____

_____

_____

Que vais-je faire de différent à l'avenir?

_____

_____

_____

"Lorsque tu auras envie d'abandonner, pense à tous ceux qui attendent patiemment que tu échoues."

– Auteur inconnu

Pour commencer ma journée

Qu'est-ce que cette citation signifie pour moi aujourd'hui?

_____

_____

_____

Comment vais-je appliquer cette citation aujourd'hui?

_____

_____

_____

Qui dans mon entourage pourrait également en bénéficier?

_____

_____

_____

À la fin de ma journée

Qu'ai-je ressenti en appliquant cette citation aujourd'hui?

_____

_____

_____

Que vais-je faire de différent à l'avenir?

_____

_____

_____

"Ne suis pas le sentier d'un autre. Ose plutôt défricher le tien. C'est là que tu trouveras le véritable sens de la vie, ta vie."

— Manon Lavoie, M comme Muses

Pour commencer ma journée

Qu'est-ce que cette citation signifie pour moi aujourd'hui?

_____

_____

_____

Comment vais-je appliquer cette citation aujourd'hui?

_____

_____

_____

Qui dans mon entourage pourrait également en bénéficier?

_____

_____

_____

À la fin de ma journée

Qu'ai-je ressenti en appliquant cette citation aujourd'hui?

_____

_____

_____

Que vais-je faire de différent à l'avenir?

_____

_____

_____

"Quoique tu rêves d'entreprendre, commence le. L'audace apporte du génie, du pouvoir et de la magie."

– Goethe

Pour commencer ma journée

Qu'est-ce que cette citation signifie pour moi aujourd'hui?

_____
_____
_____

Comment vais-je appliquer cette citation aujourd'hui?

_____
_____
_____

Qui dans mon entourage pourrait également en bénéficier?

_____
_____
_____

À la fin de ma journée

Qu'ai-je ressenti en appliquant cette citation aujourd'hui?

_____
_____
_____

Que vais-je faire de différent à l'avenir?

_____
_____
_____

"Je choisis de rester moi-même, de faire des folies et de vivre ma vie comme je la rêve et non de la manière que les autres veulent."

– Marie-Claude Pelletier

Pour commencer ma journée

Qu'est-ce que cette citation signifie pour moi aujourd'hui?

_____

_____

_____

Comment vais-je appliquer cette citation aujourd'hui?

_____

_____

_____

Qui dans mon entourage pourrait également en bénéficier?

_____

_____

_____

À la fin de ma journée

Qu'ai-je ressenti en appliquant cette citation aujourd'hui?

_____

_____

_____

Que vais-je faire de différent à l'avenir?

_____

_____

_____

"Sois toi-même. Les autres sont déjà pris."
– Oscar Wilde

Pour commencer ma journée

Qu'est-ce que cette citation signifie pour moi aujourd'hui?

_____
_____
_____

Comment vais-je appliquer cette citation aujourd'hui?

_____
_____
_____

Qui dans mon entourage pourrait également en bénéficier?

_____
_____
_____

À la fin de ma journée

Qu'ai-je ressenti en appliquant cette citation aujourd'hui?

_____
_____
_____

Que vais-je faire de différent à l'avenir?

_____
_____
_____

"Ne garde rien de côté pour une occasion spéciale. Être vivant(e) est une occasion spéciale."

– Auteur inconnu

Pour commencer ma journée

Qu'est-ce que cette citation signifie pour moi aujourd'hui?

_____
_____
_____

Comment vais-je appliquer cette citation aujourd'hui?

_____
_____
_____

Qui dans mon entourage pourrait également en bénéficier?

_____
_____
_____

À la fin de ma journée

Qu'ai-je ressenti en appliquant cette citation aujourd'hui?

_____
_____
_____

Que vais-je faire de différent à l'avenir?

_____
_____
_____

"Vous n'avez pas besoin d'être génial pour commencer, mais vous devez commencer pour devenir génial."

– Zig Ziglar

Pour commencer ma journée

Qu'est-ce que cette citation signifie pour moi aujourd'hui?

_____

_____

_____

Comment vais-je appliquer cette citation aujourd'hui?

_____

_____

_____

Qui dans mon entourage pourrait également en bénéficier?

_____

_____

_____

À la fin de ma journée

Qu'ai-je ressenti en appliquant cette citation aujourd'hui?

_____

_____

_____

Que vais-je faire de différent à l'avenir?

_____

_____

_____

*"La chose la plus importante, c'est de profiter de votre vie.
Pour être heureux, c'est tout ce qui compte."*

— Audrey Hepburn

Pour commencer ma journée

Qu'est-ce que cette citation signifie pour moi aujourd'hui?

_____
_____
_____

Comment vais-je appliquer cette citation aujourd'hui?

_____
_____
_____

Qui dans mon entourage pourrait également en bénéficier?

_____
_____
_____

À la fin de ma journée

Qu'ai-je ressenti en appliquant cette citation aujourd'hui?

_____
_____
_____

Que vais-je faire de différent à l'avenir?

_____
_____
_____

"Vous savez que vous êtes en paix avec qui vous êtes lorsque vous avez perdu le besoin permanent du consentement des autres."

– Frank Nicolas

Pour commencer ma journée

Qu'est-ce que cette citation signifie pour moi aujourd'hui?

_____
_____
_____

Comment vais-je appliquer cette citation aujourd'hui?

_____
_____
_____

Qui dans mon entourage pourrait également en bénéficier?

_____
_____
_____

À la fin de ma journée

Qu'ai-je ressenti en appliquant cette citation aujourd'hui?

_____
_____
_____

Que vais-je faire de différent à l'avenir?

_____
_____
_____

"Arrête d'avoir peur de tout ce qui pourrait aller mal.
Commence à être excité de tout ce qui pourrait aller bien."

– Auteur inconnu

Pour commencer ma journée

Qu'est-ce que cette citation signifie pour moi aujourd'hui?

_____

_____

_____

Comment vais-je appliquer cette citation aujourd'hui?

_____

_____

_____

Qui dans mon entourage pourrait également en bénéficier?

_____

_____

_____

À la fin de ma journée

Qu'ai-je ressenti en appliquant cette citation aujourd'hui?

_____

_____

_____

Que vais-je faire de différent à l'avenir?

_____

_____

_____

_____

"L'unique personne qui t'accompagnera toute ta vie c'est toi-même. Sois vivant dans tout ce que tu fais."

– Pablo Picasso

Pour commencer ma journée

Qu'est-ce que cette citation signifie pour moi aujourd'hui?

_____

_____

_____

Comment vais-je appliquer cette citation aujourd'hui?

_____

_____

_____

Qui dans mon entourage pourrait également en bénéficier?

_____

_____

_____

À la fin de ma journée

Qu'ai-je ressenti en appliquant cette citation aujourd'hui?

_____

_____

_____

Que vais-je faire de différent à l'avenir?

_____

_____

_____

"Que vous pensiez être capable ou ne pas être capable, dans les deux cas vous avez raison."

– Henry Ford

Pour commencer ma journée

Qu'est-ce que cette citation signifie pour moi aujourd'hui?

_____
_____
_____

Comment vais-je appliquer cette citation aujourd'hui?

_____
_____
_____

Qui dans mon entourage pourrait également en bénéficier?

_____
_____
_____

À la fin de ma journée

Qu'ai-je ressenti en appliquant cette citation aujourd'hui?

_____
_____
_____

Que vais-je faire de différent à l'avenir?

_____
_____
_____

"Dès l'instant où vous êtes persuadée de votre valeur, ce sera perceptible par quiconque croisera votre route et vous verra à l'oeuvre."

– Marie-Claude Pelletier

Pour commencer ma journée

Qu'est-ce que cette citation signifie pour moi aujourd'hui?

_____
_____
_____

Comment vais-je appliquer cette citation aujourd'hui?

_____
_____
_____

Qui dans mon entourage pourrait également en bénéficier?

_____
_____
_____

À la fin de ma journée

Qu'ai-je ressenti en appliquant cette citation aujourd'hui?

_____
_____
_____

Que vais-je faire de différent à l'avenir?

_____
_____
_____

"J'invite le silence à me révéler les réponses dont j'ai besoin."

– Geneviève Lafrenière

Pour commencer ma journée

Qu'est-ce que cette citation signifie pour moi aujourd'hui?

_____

_____

_____

Comment vais-je appliquer cette citation aujourd'hui?

_____

_____

_____

Qui dans mon entourage pourrait également en bénéficier?

_____

_____

_____

À la fin de ma journée

Qu'ai-je ressenti en appliquant cette citation aujourd'hui?

_____

_____

_____

Que vais-je faire de différent à l'avenir?

_____

_____

_____

"Soyez reconnaissant pour ce que vous avez; Si vous vous concentrez sur ce que vous n'avez pas, vous n'en aurez jamais, jamais assez."

– Oprah Winfrey

Pour commencer ma journée

Qu'est-ce que cette citation signifie pour moi aujourd'hui?

_____

_____

_____

Comment vais-je appliquer cette citation aujourd'hui?

_____

_____

_____

Qui dans mon entourage pourrait également en bénéficier?

_____

_____

_____

À la fin de ma journée

Qu'ai-je ressenti en appliquant cette citation aujourd'hui?

_____

_____

_____

Que vais-je faire de différent à l'avenir?

_____

_____

_____

"Certaines personnes te rejetteront car ta lumière est trop intense pour eux, c'est comme ça. Continue de rayonner!"

– Martin Luther King

Pour commencer ma journée

Qu'est-ce que cette citation signifie pour moi aujourd'hui?

_____
_____
_____

Comment vais-je appliquer cette citation aujourd'hui?

_____
_____
_____

Qui dans mon entourage pourrait également en bénéficier?

_____
_____
_____

À la fin de ma journée

Qu'ai-je ressenti en appliquant cette citation aujourd'hui?

_____
_____
_____

Que vais-je faire de différent à l'avenir?

_____
_____
_____

"Quand je suis allé à l'école, ils m'ont demandé ce que je voulais être quand je serais grand. J'ai écrit « heureux ». Ils m'ont dit que je n'avais pas compris la question. J'ai répondu qu'ils n'avaient pas compris la vie."

– John Lennon

Pour commencer ma journée

Qu'est-ce que cette citation signifie pour moi aujourd'hui?

_____

_____

_____

Comment vais-je appliquer cette citation aujourd'hui?

_____

_____

_____

Qui dans mon entourage pourrait également en bénéficier?

_____

_____

_____

À la fin de ma journée

Qu'ai-je ressenti en appliquant cette citation aujourd'hui?

_____

_____

_____

Que vais-je faire de différent à l'avenir?

_____

_____

_____

"On n'écrit pas sa vie avec des mots, on l'écrit avec des actes. Ce que tu penses n'est pas important, c'est ce que tu fais qui compte."

– Patrick Ness

Pour commencer ma journée

Qu'est-ce que cette citation signifie pour moi aujourd'hui?

_____

_____

_____

Comment vais-je appliquer cette citation aujourd'hui?

_____

_____

_____

Qui dans mon entourage pourrait également en bénéficier?

_____

_____

_____

À la fin de ma journée

Qu'ai-je ressenti en appliquant cette citation aujourd'hui?

_____

_____

_____

Que vais-je faire de différent à l'avenir?

_____

_____

_____

"Soyez tellement positif que les gens négatifs ne voudront pas être à vos côtés. Vous êtes des émetteurs-récepteurs et vous attirez ce que vous vibrez. L'Univers fera en sorte de vous retourner exactement votre vibration."

– Marie-Claude Pelletier

Pour commencer ma journée

Qu'est-ce que cette citation signifie pour moi aujourd'hui?

_____

_____

_____

Comment vais-je appliquer cette citation aujourd'hui?

_____

_____

_____

Qui dans mon entourage pourrait également en bénéficier?

_____

_____

_____

À la fin de ma journée

Qu'ai-je ressenti en appliquant cette citation aujourd'hui?

_____

_____

_____

Que vais-je faire de différent à l'avenir?

_____

_____

_____

"Le secret du bonheur c'est l'alignement entre ce que vous pensez, ce que vous dites et ce que vous faites."

– Gandhi

Pour commencer ma journée

Qu'est-ce que cette citation signifie pour moi aujourd'hui?

_____

_____

_____

Comment vais-je appliquer cette citation aujourd'hui?

_____

_____

_____

Qui dans mon entourage pourrait également en bénéficier?

_____

_____

_____

À la fin de ma journée

Qu'ai-je ressenti en appliquant cette citation aujourd'hui?

_____

_____

_____

Que vais-je faire de différent à l'avenir?

_____

_____

_____

"Brillez de toute votre lumière."
Ne laissez personne vous empêchez de rayonner. Vous êtes
UNIQUE. Entourez-vous de gens qui vous permettent de
briller de toute votre lumière et votre unicité.

– Marie-Claude Pelletier

Pour commencer ma journée

Qu'est-ce que cette citation signifie pour moi aujourd'hui?

_____

_____

_____

Comment vais-je appliquer cette citation aujourd'hui?

_____

_____

_____

Qui dans mon entourage pourrait également en bénéficier?

_____

_____

_____

À la fin de ma journée

Qu'ai-je ressenti en appliquant cette citation aujourd'hui?

_____

_____

_____

Que vais-je faire de différent à l'avenir?

_____

_____

_____

"La vie est un si bon professeur que si tu n'apprends pas la leçon, elle te la répète."

– Auteur inconnu

Pour commencer ma journée

Qu'est-ce que cette citation signifie pour moi aujourd'hui?

_____

_____

_____

Comment vais-je appliquer cette citation aujourd'hui?

_____

_____

_____

Qui dans mon entourage pourrait également en bénéficier?

_____

_____

_____

À la fin de ma journée

Qu'ai-je ressenti en appliquant cette citation aujourd'hui?

_____

_____

_____

Que vais-je faire de différent à l'avenir?

_____

_____

_____

"Souviens-toi que le bonheur ne dépend non pas de ce que tu es ou de ce que tu possèdes, mais uniquement de ta façon de penser."

– Dale Carnegie

Pour commencer ma journée

Qu'est-ce que cette citation signifie pour moi aujourd'hui?

_____
_____
_____

Comment vais-je appliquer cette citation aujourd'hui?

_____
_____
_____

Qui dans mon entourage pourrait également en bénéficier?

_____
_____
_____

À la fin de ma journée

Qu'ai-je ressenti en appliquant cette citation aujourd'hui?

_____
_____
_____

Que vais-je faire de différent à l'avenir?

_____
_____
_____

"Les jugements portés sur autrui sont des expressions détournées de nos propres besoins inassouvis."

– Marshall Rosenberg

Réflexion : Aujourd'hui plutôt que de juger, je m'observe car le jugement que je porte sur les autres n'est que mon propre reflet.

Pour commencer ma journée

Qu'est-ce que cette citation signifie pour moi aujourd'hui?

_____

_____

_____

Comment vais-je appliquer cette citation aujourd'hui?

_____

_____

_____

Qui dans mon entourage pourrait également en bénéficier?

_____

_____

_____

À la fin de ma journée

Qu'ai-je ressenti en appliquant cette citation aujourd'hui?

_____

_____

_____

Que vais-je faire de différent à l'avenir?

_____

_____

_____

"Cette belle personne de l'autre côté du miroir a besoin de votre sourire, de votre compréhension et de votre amour. Plus vous prendrez soin d'elle et plus elle vous le rendra bien."

– Julie Théorêt

Pour commencer ma journée

Qu'est-ce que cette citation signifie pour moi aujourd'hui?

_____
_____
_____

Comment vais-je appliquer cette citation aujourd'hui?

_____
_____
_____

Qui dans mon entourage pourrait également en bénéficier?

_____
_____
_____

À la fin de ma journée

Qu'ai-je ressenti en appliquant cette citation aujourd'hui?

_____
_____
_____

Que vais-je faire de différent à l'avenir?

_____
_____
_____

"Mon Dieu donne moi la sérénité d'accepter les choses que je ne peux changer, le courage de changer les choses que je peux et la sagesse d'en connaître la différence."

– Prière de la sérénité

Pour commencer ma journée

Qu'est-ce que cette citation signifie pour moi aujourd'hui?

_____
_____
_____

Comment vais-je appliquer cette citation aujourd'hui?

_____
_____
_____

Qui dans mon entourage pourrait également en bénéficier?

_____
_____
_____

À la fin de ma journée

Qu'ai-je ressenti en appliquant cette citation aujourd'hui?

_____
_____
_____

Que vais-je faire de différent à l'avenir?

_____
_____
_____

"Vous devez donner sans rien espérer en retour, juste par pur plaisir."

– Paulo Coehlo

Pour commencer ma journée

Qu'est-ce que cette citation signifie pour moi aujourd'hui?

_____
_____
_____

Comment vais-je appliquer cette citation aujourd'hui?

_____
_____
_____

Qui dans mon entourage pourrait également en bénéficier?

_____
_____
_____

À la fin de ma journée

Qu'ai-je ressenti en appliquant cette citation aujourd'hui?

_____
_____
_____

Que vais-je faire de différent à l'avenir?

_____
_____
_____

"L'obstination est le chemin de la réussite."

– Charlie Chaplin

Pour commencer ma journée

Qu'est-ce que cette citation signifie pour moi aujourd'hui?

_____
_____
_____

Comment vais-je appliquer cette citation aujourd'hui?

_____
_____
_____

Qui dans mon entourage pourrait également en bénéficier?

_____
_____
_____

À la fin de ma journée

Qu'ai-je ressenti en appliquant cette citation aujourd'hui?

_____
_____
_____

Que vais-je faire de différent à l'avenir?

_____
_____
_____

"Si tu veux connaître quelqu'un, n'écoute pas ce qu'il dit mais regarde ce qu'il fait."

– Dalaï Lama

Pour commencer ma journée

Qu'est-ce que cette citation signifie pour moi aujourd'hui?

_____
_____
_____

Comment vais-je appliquer cette citation aujourd'hui?

_____
_____
_____

Qui dans mon entourage pourrait également en bénéficier?

_____
_____
_____

À la fin de ma journée

Qu'ai-je ressenti en appliquant cette citation aujourd'hui?

_____
_____
_____

Que vais-je faire de différent à l'avenir?

_____
_____
_____

"Je préfère regretter les choses que j'ai faites plutôt que celles que je n'ai pas faites."

– Lucille Ball

Pour commencer ma journée

Qu'est-ce que cette citation signifie pour moi aujourd'hui?

_____
_____
_____

Comment vais-je appliquer cette citation aujourd'hui?

_____
_____
_____

Qui dans mon entourage pourrait également en bénéficier?

_____
_____
_____

À la fin de ma journée

Qu'ai-je ressenti en appliquant cette citation aujourd'hui?

_____
_____
_____

Que vais-je faire de différent à l'avenir?

_____
_____
_____

"La perfection n'est pas atteignable. Mais si nous pourchassons la perfection, nous pourrons atteindre l'excellence."

– Vince Lombardi

Pour commencer ma journée

Qu'est-ce que cette citation signifie pour moi aujourd'hui?

_____

_____

_____

Comment vais-je appliquer cette citation aujourd'hui?

_____

_____

_____

Qui dans mon entourage pourrait également en bénéficier?

_____

_____

_____

À la fin de ma journée

Qu'ai-je ressenti en appliquant cette citation aujourd'hui?

_____

_____

_____

Que vais-je faire de différent à l'avenir?

_____

_____

_____

"Il y deux façons de voir la vie. L'une comme si rien n'était un miracle, l'autre comme si tout était un miracle."

– Albert Einstein

Pour commencer ma journée

Qu'est-ce que cette citation signifie pour moi aujourd'hui?

_____

_____

_____

Comment vais-je appliquer cette citation aujourd'hui?

_____

_____

_____

Qui dans mon entourage pourrait également en bénéficier?

_____

_____

_____

À la fin de ma journée

Qu'ai-je ressenti en appliquant cette citation aujourd'hui?

_____

_____

_____

Que vais-je faire de différent à l'avenir?

_____

_____

_____

_____

"Soyez tellement bon, qu'ils ne pourront pas vous ignorer."

– Steve Martin

Pour commencer ma journée

Qu'est-ce que cette citation signifie pour moi aujourd'hui?

_____
_____
_____

Comment vais-je appliquer cette citation aujourd'hui?

_____
_____
_____

Qui dans mon entourage pourrait également en bénéficier?

_____
_____
_____

À la fin de ma journée

Qu'ai-je ressenti en appliquant cette citation aujourd'hui?

_____
_____
_____

Que vais-je faire de différent à l'avenir?

_____
_____
_____

"Attendez-vous que le succès arrive? Ou sortez-vous pour trouver où il se cache?"

– Napoleon Hill

Pour commencer ma journée

Qu'est-ce que cette citation signifie pour moi aujourd'hui?

_____
_____
_____

Comment vais-je appliquer cette citation aujourd'hui?

_____
_____
_____

Qui dans mon entourage pourrait également en bénéficier?

_____
_____
_____

À la fin de ma journée

Qu'ai-je ressenti en appliquant cette citation aujourd'hui?

_____
_____
_____

Que vais-je faire de différent à l'avenir?

_____
_____
_____

"Tout en acceuillant ma part d'ombre, je fais place à la lumière qui m'habite."

– Geneviève Lafrenière

Pour commencer ma journée

Qu'est-ce que cette citation signifie pour moi aujourd'hui?

_____

_____

_____

Comment vais-je appliquer cette citation aujourd'hui?

_____

_____

_____

Qui dans mon entourage pourrait également en bénéficier?

_____

_____

_____

À la fin de ma journée

Qu'ai-je ressenti en appliquant cette citation aujourd'hui?

_____

_____

_____

Que vais-je faire de différent à l'avenir?

_____

_____

_____

"Quand vous échouez, vous apprenez de vos erreurs et cela vous motive à travailler encore plus fort."

— Natalie Gulbie

Pour commencer ma journée

Qu'est-ce que cette citation signifie pour moi aujourd'hui?

_____
_____
_____

Comment vais-je appliquer cette citation aujourd'hui?

_____
_____
_____

Qui dans mon entourage pourrait également en bénéficier?

_____
_____
_____

À la fin de ma journée

Qu'ai-je ressenti en appliquant cette citation aujourd'hui?

_____
_____
_____

Que vais-je faire de différent à l'avenir?

_____
_____
_____

"Les gens heureux ne perdent pas de temps à faire mal aux autres. La méchanceté appartient aux malheureux et aux jaloux."

— Malek Bensafia

Pour commencer ma journée

Qu'est-ce que cette citation signifie pour moi aujourd'hui?

_____

_____

_____

Comment vais-je appliquer cette citation aujourd'hui?

_____

_____

_____

Qui dans mon entourage pourrait également en bénéficier?

_____

_____

_____

À la fin de ma journée

Qu'ai-je ressenti en appliquant cette citation aujourd'hui?

_____

_____

_____

Que vais-je faire de différent à l'avenir?

_____

_____

_____

"Lorsque vous aurez pris la bonne décision, ce que pense les autres n'aura pas d'importance."

– Caroline Kennedey

Pour commencer ma journée

Qu'est-ce que cette citation signifie pour moi aujourd'hui?

_____
_____
_____

Comment vais-je appliquer cette citation aujourd'hui?

_____
_____
_____

Qui dans mon entourage pourrait également en bénéficier?

_____
_____
_____

À la fin de ma journée

Qu'ai-je ressenti en appliquant cette citation aujourd'hui?

_____
_____
_____

Que vais-je faire de différent à l'avenir?

_____
_____
_____

"Les jugements portés sur autrui sont des expressions détournées de nos propres besoins inassouvis."

– Marshall Rosenberg

Pour commencer ma journée

Qu'est-ce que cette citation signifie pour moi aujourd'hui?

_____
_____
_____

Comment vais-je appliquer cette citation aujourd'hui?

_____
_____
_____

Qui dans mon entourage pourrait également en bénéficier?

_____
_____
_____

À la fin de ma journée

Qu'ai-je ressenti en appliquant cette citation aujourd'hui?

_____
_____
_____

Que vais-je faire de différent à l'avenir?

_____
_____
_____

"Je fais le rêve que les hommes, un jour se lèveront et comprendront enfin qu'ils sont faits pour vivre ensemble comme des frères."

– Martin Luther King

Pour commencer ma journée

Qu'est-ce que cette citation signifie pour moi aujourd'hui?

_____
_____
_____

Comment vais-je appliquer cette citation aujourd'hui?

_____
_____
_____

Qui dans mon entourage pourrait également en bénéficier?

_____
_____
_____

À la fin de ma journée

Qu'ai-je ressenti en appliquant cette citation aujourd'hui?

_____
_____
_____

Que vais-je faire de différent à l'avenir?

_____
_____
_____

"Si quelque chose n'a pas un impact positif dans ta vie, tu n'en as pas besoin.

Mantra : Je laisse entrer dans ma vie que ce qui m'apporte du bonheur! Je me choisis."

— Marie-Claude Pelletier

Pour commencer ma journée

Qu'est-ce que cette citation signifie pour moi aujourd'hui?

_____

_____

_____

Comment vais-je appliquer cette citation aujourd'hui?

_____

_____

_____

Qui dans mon entourage pourrait également en bénéficier?

_____

_____

_____

À la fin de ma journée

Qu'ai-je ressenti en appliquant cette citation aujourd'hui?

_____

_____

_____

Que vais-je faire de différent à l'avenir?

_____

_____

_____

"Ne laisse jamais personne éteindre cette lueur dans tes yeux et te faire perdre ton sourire. Fais tes choix, vis avec tes erreurs, fais face à tes peurs, laisse le passé derrière, avance sans te retourner et dis-toi que le meilleur est à venir."

– Audrey Bourgeois

Pour commencer ma journée

Qu'est-ce que cette citation signifie pour moi aujourd'hui?

_____

_____

_____

Comment vais-je appliquer cette citation aujourd'hui?

_____

_____

_____

Qui dans mon entourage pourrait également en bénéficier?

_____

_____

_____

À la fin de ma journée

Qu'ai-je ressenti en appliquant cette citation aujourd'hui?

_____

_____

_____

Que vais-je faire de différent à l'avenir?

_____

_____

_____

"Avec la bonne personne, nous sommes quelqu'un que nous n'aurions même pas imaginé."

– Isabelle Galle

Pour commencer ma journée

Qu'est-ce que cette citation signifie pour moi aujourd'hui?

_____

_____

_____

Comment vais-je appliquer cette citation aujourd'hui?

_____

_____

_____

Qui dans mon entourage pourrait également en bénéficier?

_____

_____

_____

À la fin de ma journée

Qu'ai-je ressenti en appliquant cette citation aujourd'hui?

_____

_____

_____

Que vais-je faire de différent à l'avenir?

_____

_____

_____

"Qu'est-ce que l'amour? L'amour c'est l'absence de jugement."

– Dalaï Lama

Pour commencer ma journée

Qu'est-ce que cette citation signifie pour moi aujourd'hui?

_____
_____
_____

Comment vais-je appliquer cette citation aujourd'hui?

_____
_____
_____

Qui dans mon entourage pourrait également en bénéficier?

_____
_____
_____

À la fin de ma journée

Qu'ai-je ressenti en appliquant cette citation aujourd'hui?

_____
_____
_____

Que vais-je faire de différent à l'avenir?

_____
_____
_____

"Soyez patient, quelques fois vous devez traverser le pire pour obtenir le meilleur."

– Marie-Claude Pelletier

Pour commencer ma journée

Qu'est-ce que cette citation signifie pour moi aujourd'hui?

_____
_____
_____

Comment vais-je appliquer cette citation aujourd'hui?

_____
_____
_____

Qui dans mon entourage pourrait également en bénéficier?

_____
_____
_____

À la fin de ma journée

Qu'ai-je ressenti en appliquant cette citation aujourd'hui?

_____
_____
_____

Que vais-je faire de différent à l'avenir?

_____
_____
_____

"N'attendez pas d'avoir tout pour profiter de la vie, vous avez déjà la vie pour profiter de tout."

– Auteur inconnu

Pour commencer ma journée

Qu'est-ce que cette citation signifie pour moi aujourd'hui?

_____
_____
_____

Comment vais-je appliquer cette citation aujourd'hui?

_____
_____
_____

Qui dans mon entourage pourrait également en bénéficier?

_____
_____
_____

À la fin de ma journée

Qu'ai-je ressenti en appliquant cette citation aujourd'hui?

_____
_____
_____

Que vais-je faire de différent à l'avenir?

_____
_____
_____

"Faites un geste de bonté au hasard, sans attendre de récompense, en sachant qu'un jour, quelqu'un pourrait faire la même chose pour vous."

– Princesse Diana

Pour commencer ma journée

Qu'est-ce que cette citation signifie pour moi aujourd'hui?

_____

_____

_____

Comment vais-je appliquer cette citation aujourd'hui?

_____

_____

_____

Qui dans mon entourage pourrait également en bénéficier?

_____

_____

_____

À la fin de ma journée

Qu'ai-je ressenti en appliquant cette citation aujourd'hui?

_____

_____

_____

Que vais-je faire de différent à l'avenir?

_____

_____

_____

"Lorsque le passé t'appelle, ne réponds pas. Il n'a rien de nouveau à te dire.

Laisse hier derrière toi et entre avec grâce dans ce merveilleux jour nouveau."

– Proverbe Africain

Pour commencer ma journée

Qu'est-ce que cette citation signifie pour moi aujourd'hui?

_____

_____

_____

Comment vais-je appliquer cette citation aujourd'hui?

_____

_____

_____

Qui dans mon entourage pourrait également en bénéficier?

_____

_____

_____

À la fin de ma journée

Qu'ai-je ressenti en appliquant cette citation aujourd'hui?

_____

_____

_____

Que vais-je faire de différent à l'avenir?

_____

_____

_____

"Si vous voulez avancer dans la vie, vous devez faire en sorte de provoquer les évènements par vous-même."
– Oprah Winfrey

Pour commencer ma journée

Qu'est-ce que cette citation signifie pour moi aujourd'hui?

_____
_____
_____

Comment vais-je appliquer cette citation aujourd'hui?

_____
_____
_____

Qui dans mon entourage pourrait également en bénéficier?

_____
_____
_____

À la fin de ma journée

Qu'ai-je ressenti en appliquant cette citation aujourd'hui?

_____
_____
_____

Que vais-je faire de différent à l'avenir?

_____
_____
_____

"Tout ce qu'il nous faut est de mettre de l'ordre à l'intérieur de nous et l'extérieur prendra soin de lui-même."

– Eckhart Tolle

Pour commencer ma journée

Qu'est-ce que cette citation signifie pour moi aujourd'hui?

_____

_____

_____

Comment vais-je appliquer cette citation aujourd'hui?

_____

_____

_____

Qui dans mon entourage pourrait également en bénéficier?

_____

_____

_____

À la fin de ma journée

Qu'ai-je ressenti en appliquant cette citation aujourd'hui?

_____

_____

_____

Que vais-je faire de différent à l'avenir?

_____

_____

_____

"L'Univers ne travaille pas pour nous donner des leçons, il ne répond qu'à notre vibration."

– Abraham

Pour commencer ma journée

Qu'est-ce que cette citation signifie pour moi aujourd'hui?

_____

_____

_____

Comment vais-je appliquer cette citation aujourd'hui?

_____

_____

_____

Qui dans mon entourage pourrait également en bénéficier?

_____

_____

_____

À la fin de ma journée

Qu'ai-je ressenti en appliquant cette citation aujourd'hui?

_____

_____

_____

Que vais-je faire de différent à l'avenir?

_____

_____

_____

"Ne nous contentons pas seulement de donner de l'argent. L'argent n'est pas suffisant. Tout un chacun peut obtenir de l'argent, mais les gens ont besoin de vos cœurs pour les aimer. Aussi répandez votre amour partout où vous allez."

– Mère Teresa

Pour commencer ma journée

Qu'est-ce que cette citation signifie pour moi aujourd'hui?

_____
_____
_____

Comment vais-je appliquer cette citation aujourd'hui?

_____
_____
_____

Qui dans mon entourage pourrait également en bénéficier?

_____
_____
_____

À la fin de ma journée

Qu'ai-je ressenti en appliquant cette citation aujourd'hui?

_____
_____
_____

Que vais-je faire de différent à l'avenir?

_____
_____
_____

"Lorsqu'une émotion se manifeste, c'est qu'elle est prête à être guérie. Acceuillez la et remerciez la de se manifester, c'est un cadeau! Puis dites : je suis désolé(e), je te demande pardon, merci, je t'aime... Et laissez aller."

– Marie-Claude Pelletier

Pour commencer ma journée

Qu'est-ce que cette citation signifie pour moi aujourd'hui?

_____

_____

_____

Comment vais-je appliquer cette citation aujourd'hui?

_____

_____

_____

Qui dans mon entourage pourrait également en bénéficier?

_____

_____

_____

À la fin de ma journée

Qu'ai-je ressenti en appliquant cette citation aujourd'hui?

_____

_____

_____

Que vais-je faire de différent à l'avenir?

_____

_____

_____

"Les maux du corps sont les mots de l'âme. Ainsi on ne doit pas guérir le corps sans chercher à guérir l'âme."

– Platon

Pour commencer ma journée

Qu'est-ce que cette citation signifie pour moi aujourd'hui?

_____

_____

_____

Comment vais-je appliquer cette citation aujourd'hui?

_____

_____

_____

Qui dans mon entourage pourrait également en bénéficier?

_____

_____

_____

À la fin de ma journée

Qu'ai-je ressenti en appliquant cette citation aujourd'hui?

_____

_____

_____

Que vais-je faire de différent à l'avenir?

_____

_____

_____

"La bonté en parole amène la confiance, la bonté en pensée amène la profondeur, la bonté en donnant amène l'amour."

– Lao Tseu

Pour commencer ma journée

Qu'est-ce que cette citation signifie pour moi aujourd'hui?

_____

_____

_____

Comment vais-je appliquer cette citation aujourd'hui?

_____

_____

_____

Qui dans mon entourage pourrait également en bénéficier?

_____

_____

_____

À la fin de ma journée

Qu'ai-je ressenti en appliquant cette citation aujourd'hui?

_____

_____

_____

Que vais-je faire de différent à l'avenir?

_____

_____

_____

"Les gens ne vous critiquent pas pour ce que vous êtes, mais pour ce qu'ils ne sont pas. Quoi que vous fassiez vous serez critiqué. Les gens critiquent par ignorance, par jalousie ou par frustration. Élevez-vous au dessus des critiques, vous valez beaucoup plus que ça."

– Marie-Claude Pelletier

Pour commencer ma journée

Qu'est-ce que cette citation signifie pour moi aujourd'hui?

_____
_____
_____

Comment vais-je appliquer cette citation aujourd'hui?

_____
_____
_____

Qui dans mon entourage pourrait également en bénéficier?

_____
_____
_____

À la fin de ma journée

Qu'ai-je ressenti en appliquant cette citation aujourd'hui?

_____
_____
_____

Que vais-je faire de différent à l'avenir?

_____
_____
_____

"Les gens oublieront ce que vous avez dit. Ils oublieront ce que vous avez fait. Mais ils n'oublieront jamais ce que vous leur avez fait ressentir."

– Maya Angelou

Pour commencer ma journée

Qu'est-ce que cette citation signifie pour moi aujourd'hui?

_____

_____

_____

Comment vais-je appliquer cette citation aujourd'hui?

_____

_____

_____

Qui dans mon entourage pourrait également en bénéficier?

_____

_____

_____

À la fin de ma journée

Qu'ai-je ressenti en appliquant cette citation aujourd'hui?

_____

_____

_____

Que vais-je faire de différent à l'avenir?

_____

_____

_____

"Le succès est créé par des gens ordinaires ayant une détermination extraordinaire."

– Zig Ziglar

Pour commencer ma journée

Qu'est-ce que cette citation signifie pour moi aujourd'hui?

_____

_____

_____

Comment vais-je appliquer cette citation aujourd'hui?

_____

_____

_____

Qui dans mon entourage pourrait également en bénéficier?

_____

_____

_____

À la fin de ma journée

Qu'ai-je ressenti en appliquant cette citation aujourd'hui?

_____

_____

_____

Que vais-je faire de différent à l'avenir?

_____

_____

_____

"Lorsque je suis totalement en paix et en contact avec moi-même, rien de ce que disent ou font les autres ne me dérange. Aucune négativité ou drame ne peut m'affecter."

– Auteur inconnu

Pour commencer ma journée

Qu'est-ce que cette citation signifie pour moi aujourd'hui?

_____

_____

_____

Comment vais-je appliquer cette citation aujourd'hui?

_____

_____

_____

Qui dans mon entourage pourrait également en bénéficier?

_____

_____

_____

À la fin de ma journée

Qu'ai-je ressenti en appliquant cette citation aujourd'hui?

_____

_____

_____

Que vais-je faire de différent à l'avenir?

_____

_____

_____

"Le succès est ce que vous ressentez de vous-même le soir quand vous croisez votre regard dans le miroir, et cela n'a rien à voir avec votre reflet."

– Sharon Lechter

Pour commencer ma journée

Qu'est-ce que cette citation signifie pour moi aujourd'hui?

_____
_____
_____

Comment vais-je appliquer cette citation aujourd'hui?

_____
_____
_____

Qui dans mon entourage pourrait également en bénéficier?

_____
_____
_____

À la fin de ma journée

Qu'ai-je ressenti en appliquant cette citation aujourd'hui?

_____
_____
_____

Que vais-je faire de différent à l'avenir?

_____
_____
_____

"La seule et unique personne que tu es destinée à devenir est celle que tu décides d'être."

– Ralph Waldo Emerson

Pour commencer ma journée

Qu'est-ce que cette citation signifie pour moi aujourd'hui?

_____

_____

_____

Comment vais-je appliquer cette citation aujourd'hui?

_____

_____

_____

Qui dans mon entourage pourrait également en bénéficier?

_____

_____

_____

À la fin de ma journée

Qu'ai-je ressenti en appliquant cette citation aujourd'hui?

_____

_____

_____

Que vais-je faire de différent à l'avenir?

_____

_____

_____

"La colère est une punition que vous vous infligez pour une faute commise par quelqu'un d'autre."

– Sagesse Orientale

Pour commencer ma journée

Qu'est-ce que cette citation signifie pour moi aujourd'hui?

_____
_____
_____

Comment vais-je appliquer cette citation aujourd'hui?

_____
_____
_____

Qui dans mon entourage pourrait également en bénéficier?

_____
_____
_____

À la fin de ma journée

Qu'ai-je ressenti en appliquant cette citation aujourd'hui?

_____
_____
_____

Que vais-je faire de différent à l'avenir?

_____
_____
_____

"Ne fuis pas un défi parce que tu as peur, cours plutôt vers lui. Car la seule façon d'échapper à la peur c'est qu'elle foule sous tes pieds."

— Nadia Comaneci

Pour commencer ma journée

Qu'est-ce que cette citation signifie pour moi aujourd'hui?

_____

_____

_____

Comment vais-je appliquer cette citation aujourd'hui?

_____

_____

_____

Qui dans mon entourage pourrait également en bénéficier?

_____

_____

À la fin de ma journée

Qu'ai-je ressenti en appliquant cette citation aujourd'hui?

_____

_____

_____

Que vais-je faire de différent à l'avenir?

_____

_____

_____

"La seule vérité est celle qui vibre en toi. Personne ne peut t'imposer sa vérité. Suis ce qui te semble porteur de sens, ce qui te semble juste. C'est là que tu trouveras le véritable sens de ta vie."

– Manon Lavoie, M comme Muse

Pour commencer ma journée

Qu'est-ce que cette citation signifie pour moi aujourd'hui?

_____

_____

_____

Comment vais-je appliquer cette citation aujourd'hui?

_____

_____

_____

Qui dans mon entourage pourrait également en bénéficier?

_____

_____

_____

À la fin de ma journée

Qu'ai-je ressenti en appliquant cette citation aujourd'hui?

_____

_____

_____

Que vais-je faire de différent à l'avenir?

_____

_____

_____

"Un être humain en inspire beaucoup d'autres, et ces derniers en inspirent des millions, et ces millions en inspirent des milliards, et c'est ainsi que nous pourrons instaurer l'harmonie sur la planète Terre."

– Marie-Claude Pelletier

Pour commencer ma journée

Qu'est-ce que cette citation signifie pour moi aujourd'hui?

_____
_____
_____

Comment vais-je appliquer cette citation aujourd'hui?

_____
_____
_____

Qui dans mon entourage pourrait également en bénéficier?

_____
_____
_____

À la fin de ma journée

Qu'ai-je ressenti en appliquant cette citation aujourd'hui?

_____
_____
_____

Que vais-je faire de différent à l'avenir?

_____
_____
_____

"Nous savons ce que nous sommes, mais nous ignorons ce que nous pourrions être."

– William Shakespeare

Pour commencer ma journée

Qu'est-ce que cette citation signifie pour moi aujourd'hui?

_____
_____
_____

Comment vais-je appliquer cette citation aujourd'hui?

_____
_____
_____

Qui dans mon entourage pourrait également en bénéficier?

_____
_____
_____

À la fin de ma journée

Qu'ai-je ressenti en appliquant cette citation aujourd'hui?

_____
_____
_____

Que vais-je faire de différent à l'avenir?

_____
_____
_____

"Les défis rendent la vie intéressante, les surmonter lui donne un sens."

– Joshua J. Marine

Pour commencer ma journée

Qu'est-ce que cette citation signifie pour moi aujourd'hui?

_____

_____

_____

Comment vais-je appliquer cette citation aujourd'hui?

_____

_____

_____

Qui dans mon entourage pourrait également en bénéficier?

_____

_____

_____

À la fin de ma journée

Qu'ai-je ressenti en appliquant cette citation aujourd'hui?

_____

_____

_____

Que vais-je faire de différent à l'avenir?

_____

_____

_____

"J'avance de trois pas, je recule de deux... Cela n'a pas d'importance. Au calcul, je suis plus près du but qu'hier. C'est tout ce qui compte."

– Nicole Bordeleau

Pour commencer ma journée

Qu'est-ce que cette citation signifie pour moi aujourd'hui?

_____
_____
_____

Comment vais-je appliquer cette citation aujourd'hui?

_____
_____
_____

Qui dans mon entourage pourrait également en bénéficier?

_____
_____
_____

À la fin de ma journée

Qu'ai-je ressenti en appliquant cette citation aujourd'hui?

_____
_____
_____

Que vais-je faire de différent à l'avenir?

_____
_____
_____

"S'inquiéter c'est utiliser votre imagination pour créer quelque chose que vous ne voulez pas."

– Abraham Hicks

Pour commencer ma journée

Qu'est-ce que cette citation signifie pour moi aujourd'hui?

_____

_____

_____

Comment vais-je appliquer cette citation aujourd'hui?

_____

_____

_____

Qui dans mon entourage pourrait également en bénéficier?

_____

_____

_____

À la fin de ma journée

Qu'ai-je ressenti en appliquant cette citation aujourd'hui?

_____

_____

_____

Que vais-je faire de différent à l'avenir?

_____

_____

_____

"Les deux jours les plus importants de votre vie sont le jour de votre naissance et le jour où vous découvrez pourquoi."

– Mark Twain

Pour commencer ma journée

Qu'est-ce que cette citation signifie pour moi aujourd'hui?

_____
_____
_____

Comment vais-je appliquer cette citation aujourd'hui?

_____
_____
_____

Qui dans mon entourage pourrait également en bénéficier?

_____
_____
_____

À la fin de ma journée

Qu'ai-je ressenti en appliquant cette citation aujourd'hui?

_____
_____
_____

Que vais-je faire de différent à l'avenir?

_____
_____
_____

"Si nous ne sommes pas un peu inconfortable à tous les jours, nous ne grandissons pas. Toutes les bonnes choses sont en dehors de notre zone de confort."

– Jack Canfield

Pour commencer ma journée

Qu'est-ce que cette citation signifie pour moi aujourd'hui?

_____

_____

_____

Comment vais-je appliquer cette citation aujourd'hui?

_____

_____

_____

Qui dans mon entourage pourrait également en bénéficier?

_____

_____

_____

À la fin de ma journée

Qu'ai-je ressenti en appliquant cette citation aujourd'hui?

_____

_____

_____

Que vais-je faire de différent à l'avenir?

_____

_____

_____

"Avant d'ouvrir la bouche, assure-toi que ce que tu veux dire est plus beau que le silence."

– Confucius

Pour commencer ma journée

Qu'est-ce que cette citation signifie pour moi aujourd'hui?

_____
_____
_____

Comment vais-je appliquer cette citation aujourd'hui?

_____
_____
_____

Qui dans mon entourage pourrait également en bénéficier?

_____
_____
_____

À la fin de ma journée

Qu'ai-je ressenti en appliquant cette citation aujourd'hui?

_____
_____
_____

Que vais-je faire de différent à l'avenir?

_____
_____
_____

"Chacune des expériences qui nous conduisent à affronter la peur nous fait progresser en force, en courage et en confiance en nous…Nous devons accepter de faire tout ce dont nous pensons pourtant être incapables."

– Eleanor Roosevelt

Pour commencer ma journée

Qu'est-ce que cette citation signifie pour moi aujourd'hui?

_____
_____
_____

Comment vais-je appliquer cette citation aujourd'hui?

_____
_____
_____

Qui dans mon entourage pourrait également en bénéficier?

_____
_____
_____

À la fin de ma journée

Qu'ai-je ressenti en appliquant cette citation aujourd'hui?

_____
_____
_____

Que vais-je faire de différent à l'avenir?

_____
_____
_____

"Nous sommes tous un rayon de soleil pour quelqu'un, mais nous ne le savons pas toujours."

– Saint Exupéry

Pour commencer ma journée

Qu'est-ce que cette citation signifie pour moi aujourd'hui?

_____
_____
_____

Comment vais-je appliquer cette citation aujourd'hui?

_____
_____
_____

Qui dans mon entourage pourrait également en bénéficier?

_____
_____
_____

À la fin de ma journée

Qu'ai-je ressenti en appliquant cette citation aujourd'hui?

_____
_____
_____

Que vais-je faire de différent à l'avenir?

_____
_____
_____

"Je pense que la conscience de soi est probablement le facteur le plus déterminant pour devenir une championne."

– Billie Jean King

Pour commencer ma journée

Qu'est-ce que cette citation signifie pour moi aujourd'hui?

_____
_____
_____

Comment vais-je appliquer cette citation aujourd'hui?

_____
_____
_____

Qui dans mon entourage pourrait également en bénéficier?

_____
_____
_____

À la fin de ma journée

Qu'ai-je ressenti en appliquant cette citation aujourd'hui?

_____
_____
_____

Que vais-je faire de différent à l'avenir?

_____
_____
_____

"Il est dur d'échouer, mais il est pire de n'avoir jamais tenté de réussir."

– Franklin Roosevelt

Pour commencer ma journée

Qu'est-ce que cette citation signifie pour moi aujourd'hui?

_____
_____
_____

Comment vais-je appliquer cette citation aujourd'hui?

_____
_____
_____

Qui dans mon entourage pourrait également en bénéficier?

_____
_____
_____

À la fin de ma journée

Qu'ai-je ressenti en appliquant cette citation aujourd'hui?

_____
_____
_____

Que vais-je faire de différent à l'avenir?

_____
_____
_____

"Il faut se fixer des buts avant de pouvoir les atteindre."

– Oprah Winfrey

Pour commencer ma journée

Qu'est-ce que cette citation signifie pour moi aujourd'hui?

_____

_____

_____

Comment vais-je appliquer cette citation aujourd'hui?

_____

_____

_____

Qui dans mon entourage pourrait également en bénéficier?

_____

_____

_____

À la fin de ma journée

Qu'ai-je ressenti en appliquant cette citation aujourd'hui?

_____

_____

_____

Que vais-je faire de différent à l'avenir?

_____

_____

_____

"Traiter les gens comme s'ils étaient ce qu'ils pourraient être et vous les aiderez à devenir ce qu'ils sont capable d'être."

– Goethe

Pour commencer ma journée

Qu'est-ce que cette citation signifie pour moi aujourd'hui?

_____

_____

_____

Comment vais-je appliquer cette citation aujourd'hui?

_____

_____

_____

Qui dans mon entourage pourrait également en bénéficier?

_____

_____

_____

À la fin de ma journée

Qu'ai-je ressenti en appliquant cette citation aujourd'hui?

_____

_____

_____

Que vais-je faire de différent à l'avenir?

_____

_____

_____

"Je suis à un moment de ma vie où la paix est une priorité. Je fais délibérement des choix de vie pour protéger mon état mental, émotionnel et spirituel."

– Marie-Claude Pelletier

Pour commencer ma journée

Qu'est-ce que cette citation signifie pour moi aujourd'hui?

_____

_____

_____

Comment vais-je appliquer cette citation aujourd'hui?

_____

_____

_____

Qui dans mon entourage pourrait également en bénéficier?

_____

_____

_____

À la fin de ma journée

Qu'ai-je ressenti en appliquant cette citation aujourd'hui?

_____

_____

_____

Que vais-je faire de différent à l'avenir?

_____

_____

_____

"Si tu peux le rêver tu peux le réaliser."
– Walt Disney

Pour commencer ma journée

Qu'est-ce que cette citation signifie pour moi aujourd'hui?

_____
_____
_____

Comment vais-je appliquer cette citation aujourd'hui?

_____
_____
_____

Qui dans mon entourage pourrait également en bénéficier?

_____
_____
_____

À la fin de ma journée

Qu'ai-je ressenti en appliquant cette citation aujourd'hui?

_____
_____
_____

Que vais-je faire de différent à l'avenir?

_____
_____
_____

"On ne voit bien qu'avec les yeux du coeur. L'essentiel est invisible pour les yeux."

— Le petit Prince (Saint Exupery)

Pour commencer ma journée

Qu'est-ce que cette citation signifie pour moi aujourd'hui?

_____

_____

_____

Comment vais-je appliquer cette citation aujourd'hui?

_____

_____

_____

Qui dans mon entourage pourrait également en bénéficier?

_____

_____

_____

À la fin de ma journée

Qu'ai-je ressenti en appliquant cette citation aujourd'hui?

_____

_____

_____

Que vais-je faire de différent à l'avenir?

_____

_____

_____

"Il n'y a qu'une chose qui peut rendre un rêve impossible, c'est la peur d'échouer."

— Paulo Coelho

Pour commencer ma journée

Qu'est-ce que cette citation signifie pour moi aujourd'hui?

_____
_____
_____

Comment vais-je appliquer cette citation aujourd'hui?

_____
_____
_____

Qui dans mon entourage pourrait également en bénéficier?

_____
_____
_____

À la fin de ma journée

Qu'ai-je ressenti en appliquant cette citation aujourd'hui?

_____
_____
_____

Que vais-je faire de différent à l'avenir?

_____
_____
_____

"Ne fais que ce que te guide ton cœur."
– Lady Diana

Pour commencer ma journée

Qu'est-ce que cette citation signifie pour moi aujourd'hui?

_____
_____
_____

Comment vais-je appliquer cette citation aujourd'hui?

_____
_____
_____

Qui dans mon entourage pourrait également en bénéficier?

_____
_____
_____

À la fin de ma journée

Qu'ai-je ressenti en appliquant cette citation aujourd'hui?

_____
_____
_____

Que vais-je faire de différent à l'avenir?

_____
_____
_____

"La gentillesse dans les mots suscite la confiance. La gentillesse dans la pensée crée la profondeur. La gentillesse dans les actes engendre l'amour."

– Lao Tseu

Pour commencer ma journée

Qu'est-ce que cette citation signifie pour moi aujourd'hui?

_____

_____

_____

Comment vais-je appliquer cette citation aujourd'hui?

_____

_____

_____

Qui dans mon entourage pourrait également en bénéficier?

_____

_____

_____

À la fin de ma journée

Qu'ai-je ressenti en appliquant cette citation aujourd'hui?

_____

_____

_____

Que vais-je faire de différent à l'avenir?

_____

_____

_____

"Pour réussir, votre désir doit être plus grand que votre peur."

– Rita Davenport

Pour commencer ma journée

Qu'est-ce que cette citation signifie pour moi aujourd'hui?

_____

_____

_____

Comment vais-je appliquer cette citation aujourd'hui?

_____

_____

_____

Qui dans mon entourage pourrait également en bénéficier?

_____

_____

_____

À la fin de ma journée

Qu'ai-je ressenti en appliquant cette citation aujourd'hui?

_____

_____

_____

Que vais-je faire de différent à l'avenir?

_____

_____

_____

"On ne se libère pas d'une chose en l'évitant mais en la traversant."

– Pavese

Pour commencer ma journée

Qu'est-ce que cette citation signifie pour moi aujourd'hui?

_____
_____
_____

Comment vais-je appliquer cette citation aujourd'hui?

_____
_____
_____

Qui dans mon entourage pourrait également en bénéficier?

_____
_____
_____

À la fin de ma journée

Qu'ai-je ressenti en appliquant cette citation aujourd'hui?

_____
_____
_____

Que vais-je faire de différent à l'avenir?

_____
_____
_____

"Quand tu aimes ce que tu as, tu as tout ce dont tu as besoin."

– Saint-Exupery

Pour commencer ma journée

Qu'est-ce que cette citation signifie pour moi aujourd'hui?

_____
_____
_____

Comment vais-je appliquer cette citation aujourd'hui?

_____
_____
_____

Qui dans mon entourage pourrait également en bénéficier?

_____
_____
_____

À la fin de ma journée

Qu'ai-je ressenti en appliquant cette citation aujourd'hui?

_____
_____
_____

Que vais-je faire de différent à l'avenir?

_____
_____
_____

"Apprécie chaque moment de la vie. N'oublie pas qu'elle peut s'arrêter à tout moment. Vis ta vie intensément comme si c'était le dernier jour."

– Marie-Claude Pelletier

Pour commencer ma journée

Qu'est-ce que cette citation signifie pour moi aujourd'hui?

_____
_____
_____

Comment vais-je appliquer cette citation aujourd'hui?

_____
_____
_____

Qui dans mon entourage pourrait également en bénéficier?

_____
_____
_____

À la fin de ma journée

Qu'ai-je ressenti en appliquant cette citation aujourd'hui?

_____
_____
_____

Que vais-je faire de différent à l'avenir?

_____
_____
_____

"Vous êtes maître de votre vie et qu'importe votre prison, vous en avez les clefs."

– Dalaï Lama

Pour commencer ma journée

Qu'est-ce que cette citation signifie pour moi aujourd'hui?

_____
_____
_____

Comment vais-je appliquer cette citation aujourd'hui?

_____
_____
_____

Qui dans mon entourage pourrait également en bénéficier?

_____
_____
_____

À la fin de ma journée

Qu'ai-je ressenti en appliquant cette citation aujourd'hui?

_____
_____
_____

Que vais-je faire de différent à l'avenir?

_____
_____
_____

"Si vous apprenez de l'échec alors vous n'avez pas perdu."

– Zig Ziglar

Pour commencer ma journée

Qu'est-ce que cette citation signifie pour moi aujourd'hui?

_____

_____

_____

Comment vais-je appliquer cette citation aujourd'hui?

_____

_____

_____

Qui dans mon entourage pourrait également en bénéficier?

_____

_____

_____

À la fin de ma journée

Qu'ai-je ressenti en appliquant cette citation aujourd'hui?

_____

_____

_____

Que vais-je faire de différent à l'avenir?

_____

_____

_____

"Cesser de remettre à demain. Demain c'est trop tard. Il n'y a pas de meilleur moment que le moment présent."

– Marie-Claude Pelletier

Pour commencer ma journée

Qu'est-ce que cette citation signifie pour moi aujourd'hui?

_____

_____

_____

Comment vais-je appliquer cette citation aujourd'hui?

_____

_____

_____

Qui dans mon entourage pourrait également en bénéficier?

_____

_____

_____

À la fin de ma journée

Qu'ai-je ressenti en appliquant cette citation aujourd'hui?

_____

_____

_____

Que vais-je faire de différent à l'avenir?

_____

_____

_____

"Faites ce que vous ressentez comme étant juste pour vous dans votre cœur, car vous serez critiquée de toute façon. Que vous l'ayez fait ou non, dans les deux cas on vous condamnera."

– Eleanor Roosevelt

Pour commencer ma journée

Qu'est-ce que cette citation signifie pour moi aujourd'hui?

_____
_____
_____

Comment vais-je appliquer cette citation aujourd'hui?

_____
_____
_____

Qui dans mon entourage pourrait également en bénéficier?

_____
_____
_____

À la fin de ma journée

Qu'ai-je ressenti en appliquant cette citation aujourd'hui?

_____
_____
_____

Que vais-je faire de différent à l'avenir?

_____
_____
_____

"Respectez votre corps. Mangez bien. Dansez pour toujours."

– Eliza Gaynoir Minden

Pour commencer ma journée

Qu'est-ce que cette citation signifie pour moi aujourd'hui?

_____
_____
_____

Comment vais-je appliquer cette citation aujourd'hui?

_____
_____
_____

Qui dans mon entourage pourrait également en bénéficier?

_____
_____
_____

À la fin de ma journée

Qu'ai-je ressenti en appliquant cette citation aujourd'hui?

_____
_____
_____

Que vais-je faire de différent à l'avenir?

_____
_____
_____

"Vous pouvez prendre un nouveau départ aujourd'hui même. Mais pour cela, vous devez dépasser le sentiment qu'il est déjà trop tard."

– Jean Chatzky, journaliste Américaine

Pour commencer ma journée

Qu'est-ce que cette citation signifie pour moi aujourd'hui?

_____
_____
_____

Comment vais-je appliquer cette citation aujourd'hui?

_____
_____
_____

Qui dans mon entourage pourrait également en bénéficier?

_____
_____
_____

À la fin de ma journée

Qu'ai-je ressenti en appliquant cette citation aujourd'hui?

_____
_____
_____

Que vais-je faire de différent à l'avenir?

_____
_____
_____

"Nous pouvons apprendre quelque chose de nouveau à chaque fois que l'on croit que l'on peut."
– Virginia Satir

Pour commencer ma journée

Qu'est-ce que cette citation signifie pour moi aujourd'hui?

_____

_____

_____

Comment vais-je appliquer cette citation aujourd'hui?

_____

_____

_____

Qui dans mon entourage pourrait également en bénéficier?

_____

_____

_____

À la fin de ma journée

Qu'ai-je ressenti en appliquant cette citation aujourd'hui?

_____

_____

_____

Que vais-je faire de différent à l'avenir?

_____

_____

_____

"Plus vous faites confiance à votre intuition, plus vous devenez autonome, plus vous devenez forte et plus vous êtes heureuse."

— Gisele Bündchen

Pour commencer ma journée

Qu'est-ce que cette citation signifie pour moi aujourd'hui?

_____

_____

_____

Comment vais-je appliquer cette citation aujourd'hui?

_____

_____

_____

Qui dans mon entourage pourrait également en bénéficier?

_____

_____

_____

À la fin de ma journée

Qu'ai-je ressenti en appliquant cette citation aujourd'hui?

_____

_____

_____

Que vais-je faire de différent à l'avenir?

_____

_____

_____

"Plus vous réussissez dans le monde et plus vous pouvez aider les autres à réussir."

– Marie-Claude Pelletier

Pour commencer ma journée

Qu'est-ce que cette citation signifie pour moi aujourd'hui?

_____
_____
_____

Comment vais-je appliquer cette citation aujourd'hui?

_____
_____
_____

Qui dans mon entourage pourrait également en bénéficier?

_____
_____
_____

À la fin de ma journée

Qu'ai-je ressenti en appliquant cette citation aujourd'hui?

_____
_____
_____

Que vais-je faire de différent à l'avenir?

_____
_____
_____

"Personne ne peut vous donner le sentiment d'être inférieure sans votre consentement."

– Eleanor Roosevelt

Pour commencer ma journée

Qu'est-ce que cette citation signifie pour moi aujourd'hui?

_____

_____

_____

Comment vais-je appliquer cette citation aujourd'hui?

_____

_____

_____

Qui dans mon entourage pourrait également en bénéficier?

_____

_____

_____

À la fin de ma journée

Qu'ai-je ressenti en appliquant cette citation aujourd'hui?

_____

_____

_____

Que vais-je faire de différent à l'avenir?

_____

_____

_____

"Le fait d'être au bon endroit au bon moment ne suffit pas. La clé c'est d'être au bon endroit, au bon moment et de passer à l'action."

– Paige Riffle

Pour commencer ma journée

Qu'est-ce que cette citation signifie pour moi aujourd'hui?

_____

_____

_____

Comment vais-je appliquer cette citation aujourd'hui?

_____

_____

_____

Qui dans mon entourage pourrait également en bénéficier?

_____

_____

_____

À la fin de ma journée

Qu'ai-je ressenti en appliquant cette citation aujourd'hui?

_____

_____

_____

Que vais-je faire de différent à l'avenir?

_____

_____

_____

"Ce que nous avons apprécié une fois, nous ne pouvons jamais le perdre. Car tout ce que nous aimons profondément devient une partie de nous."

– Helen Keller

Pour commencer ma journée

Qu'est-ce que cette citation signifie pour moi aujourd'hui?

_____
_____
_____

Comment vais-je appliquer cette citation aujourd'hui?

_____
_____
_____

Qui dans mon entourage pourrait également en bénéficier?

_____
_____
_____

À la fin de ma journée

Qu'ai-je ressenti en appliquant cette citation aujourd'hui?

_____
_____
_____

Que vais-je faire de différent à l'avenir?

_____
_____
_____

"Ce qui t'es destiné trouvera le moyen de te rejoindre."
– Hester Browne

Pour commencer ma journée

Qu'est-ce que cette citation signifie pour moi aujourd'hui?

_____

_____

_____

Comment vais-je appliquer cette citation aujourd'hui?

_____

_____

_____

Qui dans mon entourage pourrait également en bénéficier?

_____

_____

_____

À la fin de ma journée

Qu'ai-je ressenti en appliquant cette citation aujourd'hui?

_____

_____

_____

Que vais-je faire de différent à l'avenir?

_____

_____

_____

"De temps en temps, il est bon d'arrêter notre quête du bonheur et d'être tout simplement heureux."

– Guillaume Appolinaire

Pour commencer ma journée

Qu'est-ce que cette citation signifie pour moi aujourd'hui?

_____

_____

_____

Comment vais-je appliquer cette citation aujourd'hui?

_____

_____

_____

Qui dans mon entourage pourrait également en bénéficier?

_____

_____

_____

À la fin de ma journée

Qu'ai-je ressenti en appliquant cette citation aujourd'hui?

_____

_____

_____

Que vais-je faire de différent à l'avenir?

_____

_____

_____

"Ne sois pas trop pressé de tout comprendre. Apprécie l'inconnu et laisse la vie te surprendre."

– Auteur inconnu

Pour commencer ma journée

Qu'est-ce que cette citation signifie pour moi aujourd'hui?

_____

_____

_____

Comment vais-je appliquer cette citation aujourd'hui?

_____

_____

_____

Qui dans mon entourage pourrait également en bénéficier?

_____

_____

_____

À la fin de ma journée

Qu'ai-je ressenti en appliquant cette citation aujourd'hui?

_____

_____

_____

Que vais-je faire de différent à l'avenir?

_____

_____

_____

"Pour la plupart des gens, la générosité ne consiste seulement qu'à donner. Mais recevoir est aussi un acte d'amour. Permettre à l'autre de nous rendre heureux, rendra l'autre heureux aussi."

– Paulo Coelho

Pour commencer ma journée

Qu'est-ce que cette citation signifie pour moi aujourd'hui?

_____
_____
_____

Comment vais-je appliquer cette citation aujourd'hui?

_____
_____
_____

Qui dans mon entourage pourrait également en bénéficier?

_____
_____
_____

À la fin de ma journée

Qu'ai-je ressenti en appliquant cette citation aujourd'hui?

_____
_____
_____

Que vais-je faire de différent à l'avenir?

_____
_____
_____

"L'amour est ce avec quoi nous sommes nés. La peur, c'est ce que nous avons appris ici- bas."
– Marianne Williamson

Pour commencer ma journée

Qu'est-ce que cette citation signifie pour moi aujourd'hui?

_____
_____
_____

Comment vais-je appliquer cette citation aujourd'hui?

_____
_____
_____

Qui dans mon entourage pourrait également en bénéficier?

_____
_____
_____

À la fin de ma journée

Qu'ai-je ressenti en appliquant cette citation aujourd'hui?

_____
_____
_____

Que vais-je faire de différent à l'avenir?

_____
_____
_____

"Si vous compreniez vraiment la puissance de vos pensées, vous n'auriez jamais une pensée négative."

– Peace Pilgrim, militante pour la paix

Pour commencer ma journée

Qu'est-ce que cette citation signifie pour moi aujourd'hui?

_____
_____
_____

Comment vais-je appliquer cette citation aujourd'hui?

_____
_____
_____

Qui dans mon entourage pourrait également en bénéficier?

_____
_____
_____

À la fin de ma journée

Qu'ai-je ressenti en appliquant cette citation aujourd'hui?

_____
_____
_____

Que vais-je faire de différent à l'avenir?

_____
_____
_____

"Commencer votre journée en y mettant cette intention :

En quoi puis-je servir aujourd'hui? Comment puis-je aider?"

– Marie-Claude Pelletier

Pour commencer ma journée

Qu'est-ce que cette citation signifie pour moi aujourd'hui?

_____

_____

_____

Comment vais-je appliquer cette citation aujourd'hui?

_____

_____

_____

Qui dans mon entourage pourrait également en bénéficier?

_____

_____

_____

À la fin de ma journée

Qu'ai-je ressenti en appliquant cette citation aujourd'hui?

_____

_____

_____

Que vais-je faire de différent à l'avenir?

_____

_____

_____

"Un jour vous vous réveillerez et vous n'aurez plus le temps de faire ce que vous avez toujours voulu faire. Faites le donc maintenant!"

– Paulo Coelho

Pour commencer ma journée

Qu'est-ce que cette citation signifie pour moi aujourd'hui?

_____

_____

_____

Comment vais-je appliquer cette citation aujourd'hui?

_____

_____

_____

Qui dans mon entourage pourrait également en bénéficier?

_____

_____

_____

À la fin de ma journée

Qu'ai-je ressenti en appliquant cette citation aujourd'hui?

_____

_____

_____

Que vais-je faire de différent à l'avenir?

_____

_____

_____

"Essayez cette nouvelle routine à tous les jours :

Je me réveille, je suis extraordinaire toute la journée, je me couche le soir, le lendemain je recommence."

– Marie-Claude Pelletier

Pour commencer ma journée

Qu'est-ce que cette citation signifie pour moi aujourd'hui?

_____
_____
_____

Comment vais-je appliquer cette citation aujourd'hui?

_____
_____
_____

Qui dans mon entourage pourrait également en bénéficier?

_____
_____
_____

À la fin de ma journée

Qu'ai-je ressenti en appliquant cette citation aujourd'hui?

_____
_____
_____

Que vais-je faire de différent à l'avenir?

_____
_____
_____

"L'imagination est toujours plus forte que la volonté."
– Emile Coué

Pour commencer ma journée

Qu'est-ce que cette citation signifie pour moi aujourd'hui?

_____
_____
_____

Comment vais-je appliquer cette citation aujourd'hui?

_____
_____
_____

Qui dans mon entourage pourrait également en bénéficier?

_____
_____
_____

À la fin de ma journée

Qu'ai-je ressenti en appliquant cette citation aujourd'hui?

_____
_____
_____

Que vais-je faire de différent à l'avenir?

_____
_____
_____

"À chaque fois que vous vous retrouvez à penser comme la plupart des gens, faites une pause et réfléchissez."

— Mark Twain

Pour commencer ma journée

Qu'est-ce que cette citation signifie pour moi aujourd'hui?

_____

_____

_____

Comment vais-je appliquer cette citation aujourd'hui?

_____

_____

_____

Qui dans mon entourage pourrait également en bénéficier?

_____

_____

_____

À la fin de ma journée

Qu'ai-je ressenti en appliquant cette citation aujourd'hui?

_____

_____

_____

Que vais-je faire de différent à l'avenir?

_____

_____

_____

"Le premier pas pour avoir ce que vous voulez, c'est d'avoir le courage de quitter ce que vous ne voulez plus."
— Auteur inconnu

Pour commencer ma journée

Qu'est-ce que cette citation signifie pour moi aujourd'hui?

_____

_____

_____

Comment vais-je appliquer cette citation aujourd'hui?

_____

_____

_____

Qui dans mon entourage pourrait également en bénéficier?

_____

_____

_____

À la fin de ma journée

Qu'ai-je ressenti en appliquant cette citation aujourd'hui?

_____

_____

_____

Que vais-je faire de différent à l'avenir?

_____

_____

_____

"Vous ne pouvez vous sentir réellement accomplie qu'en faisant ce que vous aimez. Ne faites pas de l'argent votre seul objectif. Au lieu de cela, poursuivez les choses que vous aimez faire et ensuite, faites-les si bien que les gens ne pourront plus détourner leurs yeux de vous."

— Maya Angelou

Pour commencer ma journée

Qu'est-ce que cette citation signifie pour moi aujourd'hui?

_____

_____

_____

Comment vais-je appliquer cette citation aujourd'hui?

_____

_____

_____

Qui dans mon entourage pourrait également en bénéficier?

_____

_____

_____

À la fin de ma journée

Qu'ai-je ressenti en appliquant cette citation aujourd'hui?

_____

_____

_____

Que vais-je faire de différent à l'avenir?

_____

_____

_____

"Laisse tes rêves être plus grands que tes peurs et tes actions êtres plus fortes que tes paroles."

– Proverbe Africain

Pour commencer ma journée

Qu'est-ce que cette citation signifie pour moi aujourd'hui?

_____

_____

_____

Comment vais-je appliquer cette citation aujourd'hui?

_____

_____

_____

Qui dans mon entourage pourrait également en bénéficier?

_____

_____

_____

À la fin de ma journée

Qu'ai-je ressenti en appliquant cette citation aujourd'hui?

_____

_____

_____

Que vais-je faire de différent à l'avenir?

_____

_____

_____

"Si vous ne savez pas ce que vous voulez dans la vie, que pensez-vous que vous allez obtenir."

– Napoleon Hill

Pour commencer ma journée

Qu'est-ce que cette citation signifie pour moi aujourd'hui?

_____

_____

_____

Comment vais-je appliquer cette citation aujourd'hui?

_____

_____

_____

Qui dans mon entourage pourrait également en bénéficier?

_____

_____

_____

À la fin de ma journée

Qu'ai-je ressenti en appliquant cette citation aujourd'hui?

_____

_____

_____

Que vais-je faire de différent à l'avenir?

_____

_____

_____

"Crois en toi! Aies confiance en tes aptitudes. Sans une raisonnable confiance en tes propres pouvoirs, tu ne peux réussir ou être heureux."

– Norman Vincent Peale

Pour commencer ma journée

Qu'est-ce que cette citation signifie pour moi aujourd'hui?

_____

_____

_____

Comment vais-je appliquer cette citation aujourd'hui?

_____

_____

_____

Qui dans mon entourage pourrait également en bénéficier?

_____

_____

_____

À la fin de ma journée

Qu'ai-je ressenti en appliquant cette citation aujourd'hui?

_____

_____

_____

Que vais-je faire de différent à l'avenir?

_____

_____

_____

"Faisons tous les jours un petit geste d'amour et nous changerons le monde."

– Marie-Claude Pelletier

Pour commencer ma journée

Qu'est-ce que cette citation signifie pour moi aujourd'hui?

_____

_____

_____

Comment vais-je appliquer cette citation aujourd'hui?

_____

_____

_____

Qui dans mon entourage pourrait également en bénéficier?

_____

_____

_____

À la fin de ma journée

Qu'ai-je ressenti en appliquant cette citation aujourd'hui?

_____

_____

_____

Que vais-je faire de différent à l'avenir?

_____

_____

_____

À propos de l'auteure

Marie-Claude Pelletier est coach professionnelle et conférencière. Elle anime également des ateliers de croissance personnelle.

Depuis toujours, Marie-Claude se passionne pour l'être humain et son extraordinaire pouvoir de création.

Avec son approche unique combinant neurosciences, PNL, Lois Universelles et Ho'oponopono, elle est reconnue comme experte sur la manière de maîtriser le pouvoir de l'esprit pour permettre à ses lecteurs, clients et participants d'accéder à leur puissance intérieure et ainsi vivre une vie épanouissante. Femme sensible et énergique, elle est une accélératrice de changement, une inspiratrice de succès.

Vous pouvez rejoindre l'auteure par courriel :
marieclaude@mcpcoaching.com

Site web :
www.mcpcoaching.com